KB119580

실용음악통론

BASIC MUSIC THEORY FOR PRACTICAL MUSIC

황성곤 저

학지사

머리말

우선 실용음악이란 말의 정의부터 생각해 보아야 할 것 같다. 실용음악은 사실 번역이 불가능한 용어로서 한국에만 존재한다. 실용음악이 지칭하고자 하는 음악을 살펴보면 우선 '클래식 음악'을 제외한 범주의 것을 말한다. 이는 클래식 음악의 순수예술적 측면을 고려하였기 때문일 것이다. 즉, 음악이 어떤 목적성을 갖거나 감상의 주체로 존재하는 음악보다는 쓰임새가 있는 음악을 지칭하기 위함이다.

그 쓰임새 중에 가장 강력한 것은 여흥(entertainment)이다. 즉, 음악을 통해 즐거움을 얻는 것이 가장 중요한 목적이 되는 음악을 말하는 것인데, 이러한 이유로 실용음악의 범주에는 '대중음악'이 들어간다. 대중음악은 다양한 형태를 가지고 있는데, 예를 들면 팝(Pop), 재즈(Jazz), 록(Rock), 래그타임(Ragtime), 블루스(Blues), EDM, 탱고(Tango), 삼바(Samba), 보사노바(Bossa Nova), R&B, 힙합(Hiphop) 등이다. 또한 대중음악의 범주에는 '민속음악'도 포함될 수 있다. 민속음악 역시 어떤 쓰임새를 가지고 있을 때가 많기 때문이다. 그 음악은 주로 삶에서 벌어지는 여러 가지 이벤트와 관련이 깊으며 시대와 지역마다 다양한 양상으로 나타난다.

　또 한 가지 실용음악이 포괄하려고 하는 것은 지금 우리가 살고 있는 사회 구조와의 연관성이다. 우리가 살고 있는 시대는 약 200년 전부터 '대중화 사회'였다. 절대 다수의 사람이 사회 전반적인 것을 끌고 가는 사회인데, 그러한 시대에 걸맞은 음악이 바로 대중음악이라고 할 수 있고 이를 곧 실용음악이라고 말할 수 있다.

　통론이라고 하는 것은 다소 보수적인 용어인데, 쉽게 말해 '기초음악이론'이라고 보면 된다. 즉, 그 사람이 연주자이건 작곡가이건 가지고 있어야 할 가장 기본적인 음악이론을 말하는 것이다. 그렇다면 이 책은 앞서 언급한 음악 장르와 관련된 음악인들이 가지고 있으면 유익한 기초음악이론을 담고 있다고 보면 될 것이다.

　이 책은 실용음악에 관심이 있는 누구에게나 도움이 될 것이다. 또한 국내 실용음악과의 저학년 학생을 위한 기초음악이론 교재로 사용될 수 있다. 여러분 모두가 한 손에는 이론을 그리고 다른 한 손에는 직감을 쥐고 있는 뮤지션이 되기를 소망하며……

2022년 11월
저자 황성곤

차례

오선보(Staff)

1.1. 고대

우리가 연주하거나 작곡할 때 기본적으로 사용하는 오선악보는 서유럽에서 발명되었다. 처음에는 선도 없이 가사 위에 첨가된 기호가 악보의 시작이다. 대표적인 것이 AD 100년경 세이킬로스(Seikilos)의 비석에 새겨진 초기의 악보이다.

1.2. 중세: 늄(Neume)악보

AD 9세기경부터 유럽의 수도승들에 의해 만들어지고 널리 사용된 악보인데, 오늘날처럼 5개의 선이 아니라 4개의 선으로 이루어져 있다. 정확한 음정과 리듬을 기록할 수는 없었고 일반적인 높낮이를 기록하는 방식이었다.

1.3. 현대: 오선보

5개의 직선을 사용하여 음의 절대적인 높이를 알 수 있도록 고안된 악보이다. 아래 왼쪽 마디의 음들은 서로 다른 음역에 위치한 동일한 C음을 가리키며, 오른쪽은 각 음높이에 해당하는 절대적인 음들을 지칭한다. 이는 항목 2에서 더 자세히 다루도록 하자.

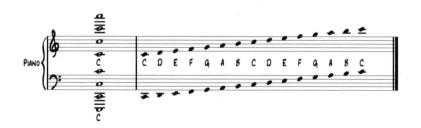

음이름은 음악을 이루고 있는 소리에 이름을 붙여서 여러 가지 음악과 관련된 행위들을 가능하게 한다. 예를 들어, 작곡자와 연주자가 특정한 소리를 지칭하며 연습하기 위해서는 반드시 필요한 것이다. 음이름은 지역의 언어적 특성에 따른 표현을 보여 주는데 다음에 몇 가지 음이름 명명 방식을 제시한다. 이 중 네 번째가 가장 보편적으로 사용된다.

2.1. 한국

2.2. 영국/미국

2.3. 독일

2.4. 프랑스/이탈리아

진동수(Frequency)

악기에서 들을 수 있는 소리는 그 소리 고유의 진동수를 가진다. 예를 들어, 아래 표기된 소리는 보통 440Hz(헤르츠)의 진동수를 가진다. 이는 1초에 440번 진동한다는 의미이다. 소리가 진동한다는 것은 공기가 빡빡하고 헐거운 것을 반복한다는 뜻인데, 440Hz는 1초에 총 440번을 반복했다는 뜻이다. 잔잔한 호수에 돌멩이를 던졌을 때 물결(wave)이 번져 나가는 것을 생각해도 좋을 것이다. Hz는 독일의 물리학자 하인리히 루돌프 헤르츠(Heinrich Rudolf Hertz, 1857~1894)의 이름을 따서 명명한 것이다.

음높이(Pitch)

음악에 사용되는 소리들은 각각의 음높이를 가지고 있다. 사실 건반에서 오른쪽으로 움직이며 연주를 하면 보통 소리가 높아진다고 생각하지만 사실은 그 소리들의 진동수가 많아지는 것이다. 예를 들어, 피아노의 가장 낮은 소리(A)는 27.5Hz이며 가장 높은 소리(C)는 7902.133Hz이다. 사람이 보통 들을 수 있는 소리의 진동수는 20Hz에서 20000Hz이다. 즉, 이 진동수의 범위를 벗어나면 사람은 아무 소리도 듣지 못한다. 이러한 소리를 초음파(ultrasonic wave)라고 한다.

5.1. 음정이란

음정은 두 소리의 차이 혹은 거리를 의미한다. 그리고 그 거리는 보통 반음(semitone)을 단위로 하여 측정한다. 그 측정법은 아래와 같다.

위 두 소리의 거리를 건반을 사용하여 아래와 같이 측정해 보자.

위 건반을 자세히 보면 C에서 G까지 도달하기 위해서는 7칸의 반음을 지나친 것을 알 수 있다. 따라서 이 음정을 7이라는 숫자로 표시할 수 있고 이를 음정숫자(interval class)라고 한다.

5.2. 음정숫자(Interval Class)

음정을 읽기 위해서는 우선 이 음정숫자의 고유한 이름을 알 필요가 있다. 다음은 여러 가지 음정숫자에 상응하는 기본 음정 이름을 표기한 것이다.

음정숫자	기본 음정	음정숫자	기본 음정
1	단2도(minor 2nd)	7	완전5도(perfect 5th)
2	장2도(major 2nd)	8	단6도(minor 6th)
3	단3도(minor 3rd)	9	장6도(major 6th)
4	장3도(major 3rd)	10	단7도(minor 7th)
5	완전4도(perfect 4th)	11	장7도(major 7th)
6	증4도(augmented 4th) /감5도(diminished 5th)	12	완전8도(octave)

5.3. 음정도수

음정도수는 음정숫자와 다르다. 그것은 오선보를 기준으로 음과 음 사이가 얼마나 떨어져 있는지 판단하는 방법이다.

위 악보에 의하면 C에서 G까지의 음정도수는 오선보의 형태를 기준으로 **5도**에 해당하는 것을 알 수 있다.

5.4. 음정 읽기

지금까지 살펴본 음정숫자와 음정도수를 사용하여 음정을 읽는 것이 가장 일반적이다.

다시 이 악보로 돌아가서 이 음정을 읽어 보도록 하자. 우선 음정숫자가 7이라는 것을 이미 살펴보았다. 음정숫자 7에 해당하는 음정은 항목 5.2에 제시된 표에 의하면 완전5도(Perfect 5th)인 것을 쉽게 알 수 있다. 따라서 이 음정은 완전5도이다. 또한 음정도수 5도와도 일치하기 때문에 아무런 문제가 없다. 그러나 여기에 작은 변화를 주면 문제는 달라진다.

위 음정을 5.1에서처럼 건반을 사용하여 그 간격을 측정하면 아래와 같이 6이라는 음정숫자를 얻을 수 있게 된다.

이제 음정도수를 알아보자. 음정도수는 모든 임시표를 제거하고 측정하여야 한다.

위 악보에서 볼 수 있듯이 음정도수는 역시 5도이다. 이제 5.2의 표에서 음정숫자가 6인 음정의 이름을 보면 증4도와 감5도로 볼 수 있는데 음정도수 5와 일치하는 것은 감5도에 해당한다. 따라서 위 음정은 감5도에 해당한다.

이제 좀 더 변화를 주도록 하자.

　위 음정을 역시 건반을 활용하여 음정도수를 계산하면 5를 얻게 되고 5.2의 표를 참고하면 음정숫자 5에 상응하는 음정은 완전4도인 것을 알 수 있다. 그러나 음정도수를 같은 방식으로 살펴보면 여전히 아래와 같이 5도이다.

이때 필요한 것이 아래 그림이다.

　　음정숫자와 음정도수가 일치하지 않을 때는 위 그림을 이용하며 아래와 같이 음정을 읽어야 한다. 우리가 읽으려는 음정은 완전5도에서 점점 축소되는 형태이므로 음정이 줄어드는 − 방향으로 이동하면서 해당되는 음정이름을 발견하여야 한다. 정답은 겹감5도이다.

6.1. 배음의 구조

신기하게도 우리가 듣는 소리는 단 하나의 소리가 아니라 소리 덩어리 혹은 어떤 의미에서는 화성적(harmonic)이다.

위 악보에서 1번음을 피아노로 연주해 보면 놀랍게도 1번에 해당하는 소리만 나는 것이 아니라 소리는 작지만 2번 이후의 소리도 동시에 울린다. 1번 소리가 가장 크기 때문에 나머지 소리의 존재를 일반적으로 잘 느끼지 못한다. 그러나 반대로 소리가 이러한 배음적 구조를 가지고 있지 못하면 매우 단순하게 들리며 음색적 풍부함을 느낄 수 없게 된다.

6.2. 배음의 원리

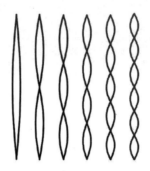

실제 기타의 줄을 퉁기면 하나의 형태로 진동하는 것이 아니라 위
그림과 같이 여러 가지 모습으로 진동한다. 위 그림을 자세히 보면 각
각의 줄들은 1배, 2배, 3배, 4배, 5배, 6배로 쪼개져 진동하는 것을 볼
수 있는데 이는 모두 정수비로 되어 있다. 이론적으로는 이러한 현상
이 무한이 되풀이된다고 하는데, 진동수의 측면에서 이를 살펴보면 맨
왼쪽의 진동(1배음, fundamental)을 10Hz라고 하면 다음은 20Hz, 그다
음은 30Hz, 40Hz, 50Hz, 60Hz가 되며 모두 정수비로 되어 있다.

7.1. 소음(Noise)

흔히 소음이라고 말하는 소리들은 사실 항목 6에서 설명한 배음 구조가 정수비가 아니라 매우 복잡하고 혼돈스러운 상태의 소리들을 말한다. 즉, 여러 가지 소리의 무질서한 덩어리를 형성하고 있는 것이 소음인 것이다.

7.2. 악음(Musical Note)

반대로 배음 구조가 정교하게 정수비로 구축되어 있다면 그 소리는 음악을 만드는 악기로 사용될 수 있는 소리, 즉 악음이 될 수 있다. 피아노나 색소폰 같은 악기들의 배음 구조는 모두 정수비와 관련되어 있다. 물론 드럼과 같은 타악기들의 소리는 소음으로 되어 있다. 즉, 리듬악기들은 소음으로 되어 있고 기타와 같은 선율악기들은 모두 정수비의 배음 구조를 가지고 있는 것이다.

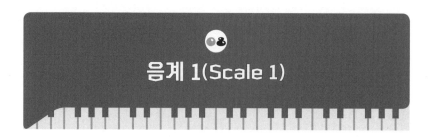

음계 1(Scale 1)

음계야말로 음악을 이루는 요소 중 가장 중요한 것이라고 해도 과언이 아니다. 우선 가장 많이 사용하는 음계들부터 살펴보도록 하자.

8.1. 장음계(Major Scale)

이음줄로 표시된 부분은 반음 간격을 보여 준다. 이러한 상대적인음정의 구조가 음계의 특성을 결정짓는 가장 주요한 요소가 된다. 항상 음계를 관찰할 때 이러한 상대적 음정 관계를 염두에 둘 필요가 있다. 또한 여기서 7번 소리를 이끈음이라고 하는데 1번 혹은 8번 소리로 이끌어져 들어가는 매우 중요한 역할을 담당한다. 이러한 이끈음이음계속에 없으면 강한 종지감을 만들어 낼 수 없다고도 할 수 있다.

8.2. 자연단음계(Minor Scale)

이 음계의 반음의 위치를 유심히 살펴보기 바란다. 이 음계는 원래 이오니안 모드(ionian mode)라고 불리는 것에 기원하는 것이며 단조를 만드는 원형적 음계이다. 그러나 이 음계의 7번과 8번 사이의 음정을 보면 온음이다. 즉, 이끔음이 없기 때문에 이를 해결하기 위하여 아래의 화성단음계가 존재한다

8.3. 화성단음계(Harmonic Scale)

화성단음계는 자연단음계에 이끔음이 없는 부분을 해결하고자 만들어진 음계이다. 따라서 기본적인 음정 구조는 자연단음계와 동일하지만 인위적으로 이끔음을 7번에 만들어 준 것이 특징이다.

8.4. 선율단음계(Melodic Scale)

화성단음계의 장점은 단조(minor)적 음계이면서 이끌음을 가지고 있는 것이 특징이지만 다소 어색하며 이국적인 선율적 특성을 보유하고 있는 것이 단점일 수 있다. 따라서 이를 해결하고 부드러운 선율적 진행을 만들기 위해 위와 같은 선율단음계를 고안하게 된 것이다.

음표와 쉼표(Notes and Rests)

9.1. 음표

　　위 악보에서 볼 수 있듯이 음표는 우선 각 소리의 높낮이(pitch)를 보여 주고 있고, 그다음 각 소리의 길이(duration)와 언제 나타나는지의 시간적 위치(time point)를 나타내 준다. 이를 음표의 구조와 함께 다시 살펴보자.

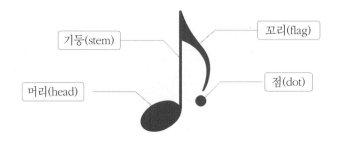

　음표의 머리는 주로 오선보에서 음의 높낮이를 가리키지만 음의 길이를 표현하는 것에도 쓰인다. 기둥은 꼬리와 머리를 연결해 주는 몸통의 역할을 하고, 꼬리는 주어진 음표의 길이를 나타내는 데 쓰인다. 점 역시 음의 길이를 표현하는 것에 사용된다.

9.2. 음표와 쉼표 종류

10.1. 이명동음

이명동음은 서로 다른 소리이나 결국 같은 소리가 나는 2개의 소리를 말한다. 위 악보를 보면 Ab과 G#은 서로 음이름은 다르지만 결국 같은 소리를 낸다.

10.2. 이명동음의 필요성

이러한 이명동음은 어찌 보면 불필요한 현상처럼 보일 수도 있으나 결국 조성의 차이에 따라 발생하는 현상이다. 왼쪽을 A♭장조라고 하고 오른쪽은 E장조라고 한다면 서로 동일한 소리라 할지라도 다르게 표기해야만 한다. 즉, 왼쪽의 경우 굳이 A♭으로 표기하기를 마다하고 G#으로 표기해야 할 이유가 없기 때문이다. 조표에 대한 부분은 항목 12에서 다시 다루게 된다.

자리표에 따라 주어진 오선보의 상대적인 높낮이가 결정된다. 예를 들어, 아래에 나오는 음자리표들 속에서 가온다의 위치를 유심히 살펴보기 바란다. 가온다는 보통 261.6256의 주파수를 가지는 절대 음높이를 말한다.

11.1. 높은음자리표(Treble Clef)

이 자리표는 주로 비교적 높은 소리가 나는 악기나 목소리에 적합한 음자리표이다. 이 자리표는 알파벳 G를 본떠 만들었기 때문에 자리표의 시작점이 G음을 나타낸다.

사용악기: 여성 보컬, 소프라노, 바이올린, 플루트, 기타, 밴조, 오보에 등.

11.2. 낮은음자리표(Bass Clef)

　이 자리표는 주로 비교적 낮은 소리가 나는 악기나 목소리에 적합한 음자리표이다. 이 자리표는 알파벳 F를 본떠 만들었기 때문에 자리표의 시작점이 F음을 나타낸다.

　사용악기: 남성 보컬, 베이스, 첼로, 트롬본, 더블베이스 등.

11.3. 테너자리표(Tenor Clef)

　이 자리표는 알파벳 C를 본떠 만들었기 때문에 자리표의 시작점이 C음을 나타낸다.

　사용악기: 바순, 테너, 트롬본 등.

11.4. 엘토자리표(Alto Clef)

가온다

이 자리표는 테너자리표보다 비교적 더 높은 음을 표기하기에 용이하다. 이 자리표는 알파벳 C를 본떠 만들었기 때문에 자리표의 시작점이 C음을 나타낸다.

사용악기: 비올라, 알토 트롬본 등.

11.5. 타악기자리표(Percussion Clef)

타악기 중에서 피아노처럼 정확한 음의 높낮이를 가지지 못하고 소음적 소리를 만들어 내는 악기들을 위한 음자리표이다. 가온다와 같은 절대적인 음높이는 없고 상대적인 높이만을 나타낸다. 대표적인 것이 위와 같은 드럼 악보이다.

조와 조표(Key and Key Signature)

12.1. 조표의 필요성

위 악보는 항목 8.1에서 살펴보았던 장음계를 그린 것인데, 만약 이
것을 통째로 반음 올리게 되면 아래와 같다.

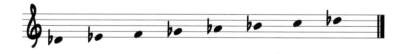

위와 같이 임시표(accidentals)를 사용하게 되면 많은 소리에 연속적
으로 임시표를 사용해야 하기 때문에 무척 번거롭다. 그러나 아래와
같이 이들 임시표를 한곳에 모아 표기하게 되면 계속해서 임시표를 쓰

지 않아도 되는 편리함이 생긴다.

12.2. 조표의 종류

위 조표는 C장조와 플랫을 사용한 7개의 조표이며 모두 장조의 조
표이다.

위 조표는 C장조와 샾을 사용한 7개의 조표이며 모두 장조의 조표이
다. 그런데 여기 서로 겹치는 조들이 있다. 말하자면 이명동음적 조성
(enharmonic keys)인데, 자세히 들여다보면 B장조와 Cb장조, F#장조와

Gb장조, 그리고 Db장조와 C#장조는 이름은 다르지만 모두 같은 소리
가 나는 조임을 알 수 있다.

이명동음 조(Enharmonic Keys)	
Cb	B
Gb	F#
Db	C#

이제 단조의 조표를 알아보자. 사실 이는 매우 간단하다. 특정 장조
에서 단3도 내려오면 단조의 조표가 된다.

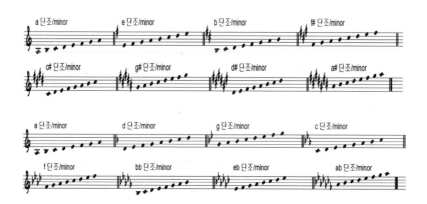

12.3. 조(key)란

결국 조라는 것은 스케일이라고 말할 수 있다. 예를 들어, C장조라고
하면 C Major Scale로 만들어지는 음악의 성질이라고 할 수 있고, c단조
라고 하면 c minor scale로 만들어지는 음악의 성질이라고 할 수 있다.

그렇다면 조바꿈의 개념은 의외로 간단해질 수 있다. 조(key)는 결국 음계이기 때문에 음계를 바꿔 주는 행위가 바로 조바꿈인 것이다.

위 악보는 유명한 〈보헤미안 랩소디(Bohemian Rhapsody)〉의 한 대목인데 조바꿈을 관찰할 수 있는 좋은 예가 된다. 6마디까지는 Bb장조이고 그다음부터는 자연스럽게 조가 바뀌어서 Eb장조를 보여 주고 있다. 이것은 6마디까지 사용된 모든 음을 모아서 중복 없이 정리해 보면 다음과 같이 Bb Major Scale이 되기 때문이다.

마찬가지로 7마디부터 나타난 음들을 모아서 중복 없이 정리해 보면 다음과 같이 Eb Major Scale이 되는 것을 알 수 있다.

조옮김(Transposition)

하나의 음악 안에서 벌어지는 음악적인 현상인 조바꿈과는 달리 다소 물리적인 행위인 조옮김은 기존의 조를 여러 가지 목적을 위해 옮겨 적는 것을 말한다. 예를 들어, 알토 색소폰이 연주하던 곡을 소프라노 색소폰이 연주하려고 한다면 그 악기에 적합하게 조를 바꾸어 줄 필요가 있을 것이다. 이럴 때 조옮김을 시행한다.

아래는 Ab Key의 위 악보를 Bb Key로 조옮김한 예시이다.

Donna Lee

By Charlie Parker

15 순차와 도약(Stepwise and Leap)

15.1. 순차

음악에 있어서 순차는 다음과 같이 2도 간격으로 움직이는 것을 말한다. 여기서 2도는 단2도와 장2도를 모두 포함한다. 여기 있는 소리들은 모두 순차진행이다.

15.2. 도약

　음악에 있어서 도약은 다음과 같이 2도 이상의 음정으로 움직이는 것을 말한다. 여기서 2도는 단2도와 장2도를 모두 포함한다. 여기 있는 소리들은 모두 도약진행이다.

잇단음표(Tuplets)

잇단음표는 보통 음표들이 일반적으로 자신의 길이를 분할하는 것
과 다른 방식으로 분할하여 만들어지는 음표들을 말한다.

16.1. 셋잇단음표(Triplet)

16.2. 넷잇단음표(Quadruplet)

16.3. 다섯잇단음표(Quintuplet)

16.4. 여섯잇단음표(Sextuplet)

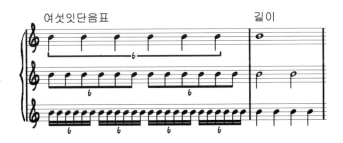

16.5. 일곱잇단음표(Septuplet)

16.6. 여덟잇단음표(Octuplet)

17
음악의 속도(BPM)

17.1. BPM이란

BPM은 Beat Per Minute의 약자로서 1분 동안 몇 번의 비트가 나타나는지를 말하는 것이다. 이것이 음악의 빠르기 혹은 속도를 표현하는 가장 객관적인 방법이라고 할 수 있는데, 특히 메트로놈과 컴퓨터 음악의 발달로 그 중요성이 더 부각하게 되었다. BPM의 개념이 없던 시절에는 주로 빠르기를 나타내는 말들을 사용하여 그 상대적인 속도를 표현했다. 예를 들어, 프레스토(Presto, 빠르게), 안단테(Andante, 천천히), 라르고(Largo, 느리게) 등등의 표현은 실제 이탈리아 말로서 특정 음악의 빠르기를 상대적으로 나타낼 수밖에 없었다. 이 방식은 다분히 막연하고 관습적인 측면이 있다고 할 수 있다.

17.2. BPM 계산

위와 같은 BPM 120의 짧은 음악이 있다고 가정하자. 여기서 120이 의미하는 것은 120이 가리키는 4분음표가 1분에 120번 나타나는 빠르기라는 뜻이다. 그렇다면 과연 이 4분음표 하나의 시간은 얼마일까? 1분(60초)에 120번 나타나니까 60 나누기 120을 해 주면 그 답을 얻을 수 있다. 즉, 0.5초가 주어진 4분음표 하나의 시간인 것이다. 따라서 이 곡 전체의 시간은 [0.5초×4(비트수)]×4(마디수) = 8초가 된다. 결국 이 음악은 8초 안에 연주가 이루어져야 하는 정도의 속도를 가지고 있는 곡이다.

강약과 크기(Dynamic and Volume)

18.1. 음의 강약(Dynamic)

음의 강약은 특정 음악을 만들기 위해 주어진 악기를 연주할 때 얼마나 강하게 연주하느냐를 말한다. 예를 들어, 피아노를 연주할 때 건반을 누르는 힘의 정도를 조절하여 다양한 강도의 소리를 만들어 낼 수 있다. 그 조절된 강도는 다양한 소리 크기를 만들어 낸다. 많은 음악에서 이러한 강도를 악보상에 표현하기 위해 다음과 같은 강약의 기

ppp	피아니시시모(pianississimo)	매우매우 약하게
pp	피아니시모(pianissimo)	매우 약하게
p	피아노(piano)	약하게
mp	메조피아노(mezzo-piano)	조금 약하게
mf	메조포르테(mezzo-forte)	조금 세게
f	포르테(forte)	세게
ff	포르티시모(fortissimo)	매우 세게
fff	포르티시시모(fortississimo)	매우매우 세게

호를 사용한다. 이 기호는 강함과 약함을 뜻하는 이탈리아 말에서 따온 것이다.

또 이러한 음의 강도의 변화를 표현하는 방법도 있다.

	크레센도(crescendo)	점점 강하게
	데크레센도(decrescendo)	점점 약하게

지금까지 제시된 강도 표현법들을 실제 악보에 적용해 보도록 하자.

18.2. 음의 크기(Volume)

음의 강도와 달리 음의 크기는 악기를 어떻게 연주하는지와는 상관
이 없다. 단지 그 악기가 가지고 있는 소리를 크게 듣거나 작게 듣거나
하는 것과 관계가 있다. 예를 들면, 라디오의 볼륨을 크게 틀거나 작게
틀거나 할 수 있는 것과 같은 이치이다. 이를 악기에 적용하면 악기를
가까이에서 들을 때는 볼륨이 커지는 것이고, 멀리서 들을 때는 작아
지는 것이라고 할 수 있다.

박자는 한마디로 악센트의 패턴이다. 그리고 그것은 보통 반복되며 마디줄을 통해 통합된다. 이를 하나씩 예를 들어 설명해 보자.

위의 음악은 몇 분의 몇 박자일까? 악센트가 없기 때문에 사실 알 수 가 없다.

만약 이렇게 연주하면 이 음악은 3/4박자의 음악이 된다.

위와 같이 리듬과 높낮이에 변화를 주어도 여전히 악센트를 유지하고 있다면 이 음악은 3/4박자의 음악일 수 있다. 보통 이 경우 마디줄을 다음과 같이 만들게 되고 박자표를 기입할 수 있다.

19.1. 단순박자(Simple Meter)

이러한 박자들 중에 반복되는 악센트의 구조가 1차원적인 것들을 단순박자라고 부른다.

위는 여러 가지 단순박자들의 종류이다. 여기서 **>** 표시는 악센트를 의미하며, **━** 표시는 상대적으로 약한 비트를 의미한다.

19.2. 혼합박자(Compound Meter)

위 6/8박자는 이러한 악센트 구조가 2중으로 되어 있다. 위쪽에 보이는 **>**와 **━** 표시는 6/8박자가 가지고 있는 1차적인 악센트 패턴을 보여 주며, 아래쪽에 보이는 사각형들은 2차적인 악센트 구조를 보여준다. 마치 2/4박자가 각각 3등분되어 나타나는 아래와 흡사한 악센트패턴을 보여 준다.

같은 맥락으로 9/8박자도 2중적인 구조를 가진 전형적인 혼합박자의 모습을 보여 준다.

이것은 마치 3개의 3/8박자가 묶여서 전체적으로는 점4분음표로 된 3박자를 만드는 형태로 되어 있다.

19.3. 복합박자(Odd Meter)

복합박자는 단순박자와 혼합박자와 달리 불규칙적인 악센트 패턴을 보여 준다. 다음 몇 가지 복합박자를 살펴보도록 한다.

5/8박자는 대표적인 복합박자인데 5/4, 5/2박자도 역시 같은 맥락이다.

위에서 보면 3박자의 악센트 패턴과 2박자의 악센트 패턴이 서로 섞여 있는 것을 볼 수 있다. 이 패턴은 3+2의 형태로 나타날 수도 있고 2+3의 형태로 나타날 수도 있다.

다음은 이러한 복합박자의 가장 잘 알려진 예인 〈Take Five〉의 리드시트 중 일부를 소개한다.

아래는 7/8 복합박자의 구조를 그려 본 것이다.

3+2+2, 2+3+2, 2+2+3의 악센트 패턴 모두가 가능하다. 그 순서
는 중요하지 않고 불규칙적인 패턴을 유지하는 것이 중요하며 비트의
총합이 7이 되도록 해야 한다.

19.4. 변박자(Meter Shift)

변박자는 특정 음악이 진행되는 도중에 박자가 바뀌는 현상을 말한
다. 아래는 그 예시 중 하나이다.

19.5. 다중박자(Polymeter)

20.1. 마디의 필요성

마디는 박자와 관련되어 있으며 박자가 지정하는 박자 고유의 길이를 되풀이해서 한정하는 역할을 한다. 예를 들어, 3/4박자는 4분음표 3개의 길이만큼이 그 마디 속에 다른 박자로 바뀌기 전까지 항상 포함되어 있어야 한다. 따라서 마디는 박자가 지정하는 길이를 항상 염두에 두고 있어야 한다.

20.2. 마디줄(Bar Line)

이러한 기능을 가진 마디는 마디줄에 의해 표현되는데, 여러 가지 다양한 마디줄이 존재하며 마디마다 다른 쓰임새가 있다.

20.2.1. 세로줄(Normal Bar)

이것은 일반적인 마디줄을 의미한다.

20.2.2. 겹세로줄(Double Bar)

이것은 음악 중간에 조가 바뀔 때 사용한다.

20.2.3. 끝세로줄(Final Bar)

곡이 끝날 때 사용한다.

21.1. 반복 리듬

낮은음자리표 부분의 리듬은 이 곡 전체를 거쳐 반복되고 있다.

21.2. 불규칙 리듬

이 리듬은 반복되는 부분이 없이 계속 변화하는 형태의 리듬이다.

21.3. 통용 리듬

통용 리듬은 시대와 지역 그리고 스타일에 따라 굳어져서 널리 통용되는 리듬을 말한다. 하나의 패턴을 이루고 있는데 보통 춤곡의 형태가 많다. 그중 몇 가지만 살펴본다.

21.3.1. 탱고(Tango)

21.3.2. 보사노바(Bossa Nova)

21.3.3. 룸바(Rumba)

선법(Mode Scale)

　사실 역사적으로 볼 때 장음계와 자연단음계보다 모드(mode)가 먼저 나타났다.

22.1. 간단한 역사

　모드의 창안과 그 사용은 고대 그리스까지 거슬러 올라간다. 당시(약 BC 4) 음악학자인 아리스토제누스(Aristoxenus)의 이론서 『Elements of Harmony』에 의하면 믹소리디안(Mixolydian), 리디안(Lydian), 프리지안(Phrygian), 도리안(Dorian), 하이포리디안(Hypolydian), 하이포프리지안(Hypophrygian), 하이포도리안(Hypodorian)의 7개 모드가 존재했다. 이들의 이름은 고대 그리스의 주변 지역의 이름을 따서 명명된 것들이다.

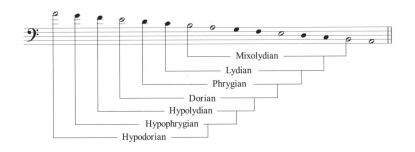

이 후 중세시대에는 8개의 모드가 존재했는데 다음과 같다. 여기서
F로 표기되어 있는 음은 가장 중심이 되는 소리이며 피날리스(Finalis)
라고 불렸고 음악의 가장 마지막에 등장하는 소리이기도 하다. 여기
나타나 있는 8개의 중세 모드는 고대 그리스의 7개 모드와는 그 명칭
에 있어서 관련성이 없다.

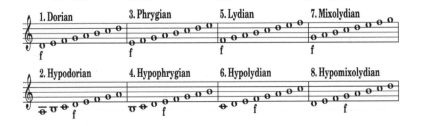

이후 16세기경 스위스 음악학자 하인리히 글라리안(Heinrich
Glarean)에 의하여 다음과 같은 4개의 모드가 더 첨가되었고, 여기에
처음으로 이오니안(Ionian)과 에올리안(Aeolian) 모드가 등장한다.

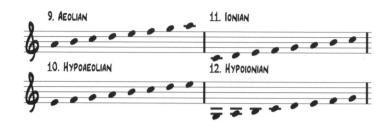

현대에 들어서 이러한 모드는 다음의 형태로 단순화되고 정리된다.

여기서 로크리안(Locrian)이라는 명칭도 처음 등장하지만 사실 이것
은 고대 그리스에서 하이포도리안을 지칭하는 말이었다.

22.2. 선법의 종류와 구조

앞서 제시한 현대적 의미의 선법과 그 구조를 좀 더 깊이 있게 살펴
보기 위해 다음과 같은 표를 만들어 보았다. 제시된 7개의 선법은 모
두 흰 건반으로 표현되어 있지만 사실 검은 건반을 사용하여 아래와
같이 나머지 11개의 Key에서도 나타날 수 있다.

먼저 각 선법 앞에 있는 알파벳은 각 선법을 구분하기 위해 이니셜
을 따서 설정한 것이다. 로크리안은 리디안과의 혼동을 피하기 위해
이니셜 C를 사용했다.

I	Ionian
D	Dorian
P	Phrygian
L	Lydian
M	Mixolydian
A	Aeolian
C	LoCrian

이들 선법을 효과적으로 이해하기 위해서는 먼저 장조 계열과 단조
계열로 분류할 필요가 있는데 이오니안은 장음계의 모체가 되는 선법
이기에 장음계와 동일시할 필요가 있다. 반면 에올리안은 단조의 모체
가 되는 선법이기에 단음계와 동일시해야 한다. 결과적으로 나머지
5개의 선법을 이오니안, 에올리안과 비교하여 분류하는 것은 매우 좋
은 접근법이다. 먼저 리디안과 이오니안을 비교해 보면 I4와 L4 외에
는 모두 동일한 음으로 되어 있는 것을 알 수 있다. 따라서 I와 L은 같
은 계열로 보는 것이 타당하다. 이런 식으로 7개의 선법을 분류해 보
면 다음과 같다.

장조 계열	단조 계열
Ionian	Aeolian
Lydian	Dorian
Mixolydian	Phrygian
	LoCrian

　이러한 각 선법들의 고유한 음정 구조는 만들 수 있는 화음에도 영향을 미칠 수밖에 없다. 먼저 괄호 안에 들어 있는 화음들은 각 선법들의 가장 중요한 화음이 되며 보통 가장 마지막에 나타나는 화음이다. 예를 들어, I2와 L2를 비교해 보자. I2는 Dm7이지만 L2는 D7이다. 음계 내 두 번째 화음으로 위치는 동일하지만 화음의 종류는 서로 매우 다르다. 또 다른 예를 들어 보면 I5와 M5를 비교해 보면 I5는 G7이지만 M5는 특이하게도 Gm7이 된다. 이러한 화음의 서로 다른 특성들을 표로 정리해 보자. 또한 화음에 대한 사항들은 항목 24부터 살펴보도록 한다.

Ionian	(CM7)	Dm7	Em7	FM7	G7	Am7	Bm7b5
Dorian	(Cm7)	Dm7	EbM7	F7	Gm7	Am7b5	BbM7
Phrygian	(Cm7)	DbM7	Eb7	Fm7	Gm7b5	AbM7	Bbm7
Lydian	(CM7)	D7	Em7	F#m7b5	GM7	Am7	Bm7
Mixolydian	(C7)	Dm7	Em7b5	FM7	Gm7	Am7	BbM7
Aeolian	(Cm7)	Dm7b5	EbM7	Fm7	Gm7	AbM7	Bb7
Locrian	(Cm7b5)	DbM7	Ebm7	Fm7	GbM7	Ab7	Bbm7

22.3. 사용법

선법이 모든 음악에 광범위하게 사용되는 것은 아니지만 그 유용성은 매우 높다. 일반적으로 우리가 가장 많이 사용하는 음계는 항목 8에서 살펴본 4개의 음계이다. 그리고 거기서 나타난 장음계는 이오니안을 그 모체로 하고 있으며, 단조의 기초가 되는 단음계는 에올리안이 그 모체가 된다. 그렇다면 이미 선법은 모든 음악에서 광범위하게 사용되어 온 것이 된다. 아래는 선법이 많이 사용되는 음악의 장르를 정리해 본 것이다.

장음계, 단음계	가요, 팝, 재즈, 뮤지컬, 영화음악, 클래식 음악, EDM, 힙합, 동요
선법	재즈, 뮤지컬, 영화음악, 클래식 음악, EDM, 힙합

좀 더 구체적으로 이러한 선법을 효과적으로 사용하는 방법은 여러 가지 있을 것이다. 하지만 다음과 같은 방법으로 접근하는 것도 의미가 있다고 하겠다.

- 선법을 장조 계열과 단조 계열로 인식한다.
- 장조 계열은 이오니안을, 단조 계열은 에올리안과 비교하면서 각각의 특성을 파악한다.
- 그렇게 파악된 특성을 멜로디와 화음에 적용한다.
- 각각의 선법을 사용할 때 가장 중요한 소리, 즉 가장 처음에 위치한 소리가 중심이 되는 것을 항상 인식하도록 한다.

이제 선법을 실제로 사용한 몇 가지 음악을 살펴보도록 하자.

위 악보를 잘 보면 D음이 중심인 것을 알 수 있고 D를 중심으로 나타난 모든 음을 모아 보면 아래와 같은 도리안 모드가 되는 것을 쉽게 알 수 있다. 재즈에서는 이러한 선법의 사용을 모달 재즈(modal jazz)라고 이야기하기도 한다.

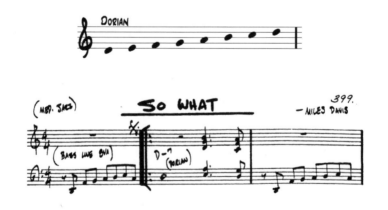

특별히 위 악보 역시 D음이 중심이 되고 있고 나타난 모든 소리를 한 곳에 모아 보면 역시 D 도리안이 되는 것을 살펴볼 수 있게 된다.

음계 2(Scale 2)

지금부터는 매우 광범위하게 사용되지는 않지만 그 중요도가 높은 특별한 음계들을 살펴보도록 하자. 물론 이러한 음계들을 전혀 몰라도 다양한 음악을 연주하고 작곡할 수 있겠지만, 화가가 자신의 팔레트에 다양한 물감이 담겨 있으면 있을수록 다양하고 멋진 그림을 그릴 수 있듯이 다양한 음계를 공부하는 것은 모든 음악가에게 필수적인 일이 될 것이다.

23.1. 온음음계(Wholetone Scale)

여러 음계 중 온음음계만큼 흥미로운 음계도 드물 것이다. 우선 모든 음계의 순차적 음정이 온음으로 되어 있다. 다음 음계를 건반으로 연주해 보자.

자, 이제 이 온음음계를 통째로 반음 올려 보자. 그리고 건반으로 연주하여 이 음계가 주는 느낌을 느껴 보기 바란다.

이제 한번 더 반음을 올려 보자.

이 결과물은 결국 처음에 나타난 온음음계와 순서는 다르지만 구성음이 100% 일치하는 것을 볼 수 있다. 따라서 온음음계는 단 2개만 존재한다는 것을 알 수 있다. 이 음계의 깊이 있는 사용법은 이 책에서 다뤄야 할 주제는 아니다. 하지만 이 음계가 사용된 예를 소개하는 것으로 갈음하는 것도 좋겠다.

위 재즈곡 중 괄호 안에 들어가 있는 부분은 온음음계이다. 온음음계가 재즈 테마에서 등장하는 것은 흔한 일은 아니지만 특히 재즈 솔로(즉흥연주)에서는 많이 등장한다.

온음음계와 잘 어울리는 화음으로는 **속7화음**이 있다. C7을 예를 들어 보면 C7의 구성음인 C, E, G, Bb에서 오음인 G를 제외하면 C, E, Bb 모두 하나의 온음음계 안에서 발생하는 소리이기 때문에 온음음계와 잘 어울린다. 바꿔 말하면 C7과 같은 속7화음에 온음음계로 멜로디를 만드는 것은 좋은 방법이다.

23.2. 감음계(Diminished Scale)

위 음계는 특이하게도 단2도와 장2도를 반복하는 구조를 가지고 있다. 이제 이 음계의 개수를 알기 위해 위에 나와 있는 감음계의 구성음

들이 다시 나타날 때까지 반음씩 올려 보자.

마지막에 제시한 감음계는 맨 처음에 제시한 것과 순서는 다르지만 구성음에 있어서 정확히 일치한다. 따라서 감음계는 단 3개만 존재하는 것이다.

감음계와 잘 어울리는 화음도 역시 **속7화음**이다. 예를 들어, C7의 구성음 C, E, G, Bb은 모두 하나의 감음계 속에서 발견될 수 있다. 따라서 감음계와 속7화음은 서로 잘 맞는다.

23.3. 변속음계(Altered Dominant Scale)

앞서 제시한 감음계와 매우 유사한 이 음계는 특별히 재즈 음악에서 많이 사용되며 그 활용도는 매우 높다. 이 음계 역시 속7화음과 잘 어울리는데 또 C7을 예로 들어 보자. C7의 구성음 C, E, G, Bb 중에서 G를 제외하면 위의 음계 속에 모두 발견된다. 따라서 C7의 구성음의 G를 반음 올려서 G#을 만들어 준다면 이 음계와 더욱 잘 어울리게 된다. C7에서 G#을 만들어 변형한 화음을 C7b13이라고 한다. 결국 변속음계는 G7b13과 같은 화음에 잘 어울린다. G7b13과 같은 화음은 텐션이 가미된 화음인데 항목 29에서 자세히 살펴본다.

23.4. 변화된 선법(Altered Mode Scale)

항목 22에서 살펴본 모드의 구성음들을 가끔 변화시켜 사용하는 경우가 있다.

위 음계는 믹솔리디안 모드의 네 번째 소리를 변화시키거나 리디안의 일곱 번째 소리를 변화시킨 변화된 선법의 예라고 할 수 있다.

위 음계는 기본 모드인 믹솔리디안의 6음과 에올리안의 3음을 변화시켜서 새로운 음계를 만든 예이다.

23.5. 5음음계(Pentatonic Scale)

일반적으로 5음음계는 장단 두 가지로 나누지만 절대적인 것은 아니다. 그리고 5음음계에는 이끔음이 없기 때문에 어디에 중심을 둬야 할지 모호하다. 5음음계는 아래에 제시된 것처럼 5개의 소리로 되어 있고 다음과 같은 음정 구조를 가지고 있다. 전 세계 여러 지역에서 발

견되는 음계이기도 하고 오늘날에도 광범위하게 다양한 음악에서 사
용되는 유용한 음계이다.

● 장5음음계(major pentatonic scale)

● 단5음음계(minor pentatonic scale)

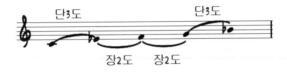

3화음(Triad)

24.1. 기원

3화음은 3도씩 2번 쌓아 만든 화음이다. 그러나 인류가 처음부터 3화음을 소유하고 있었던 것은 아니다. 화음에 대한 구체적인 아이디어가 만들어지기까지 적어도 천 년 이상의 시간이 걸렸다. 우선 서유럽을 제외한 타 지역에는 구체적인 화음의 전통과 발전 과정이 없음을 이야기해 두고 싶다. 즉, 광범위한 아시아 지역은 화성보다는 선율에 더 매력을 느꼈던 것 같다. 사실 서유럽도 13세기까지는 선율에 보다 더 치중했다고 말할 수 있다. 즉, 유럽의 긴 역사 동안을 지배했던 그레고리안 성가는 중세(기원후 약 5~15세기) 기간 동안 발전되어 지금도 로마 가톨릭에서 사용되고 있는 성가의 한 형태이다. 이 음악은 단 하나의 선율이 주로 제창의 형태로 제시되는 단선적인 음악인데, 이것이 오르가눔(organum)이라는 기법과 만나서 서서히 화음에 눈을 뜨게 된다. 오르가눔이라는 기법이 처음 등장한 것은 9세기경인데 기존에 존재하던 그레고리안 성가 선율에 또 하나의 보조적인 선율을 처음으로 덧붙이는 방식을 말한다. 이러한 기법은 13세기 파리에서 그 절정에 달하고, 16세기 팔레스트리나(Palestrina, 1525~1594)에 의해 여러 가지의 멜로디가 동시에 불러지는 음악(다성음악, polyphony)이 정립되게 된다. 그리고 이러한 다성음악이 더욱 발전하면서 여러 가지의 선율이 동시에 만나서 이루는 화음에 대한 지식이 쌓이게 되고, 17세기 리피우스(Lippius, 1585~1612)와 같은 음악학자에 의해 처음 3화음의 개념이 제시되기 시작한다.

24.2. 종류

3화음은 다음과 같이 단 4개의 종류를 가지고 있다.

이제 각각의 음정 구조를 살펴보고 재즈 코드 기호로 표시해 보자.

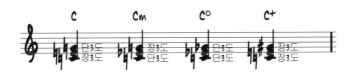

이렇듯 서로 다른 음정 구조는 그 화음의 성격을 규정하며 다른 색깔을 표출하는 것이다.

24.3. 사용

3화음은 많은 종류의 음악에서 기초가 되는 화음이다. 이러한 3화음의 사용법은 여러 가지이지만 주로 주어진 선율을 반주하는 기능을 가진다. 물론 선율을 만들기 전에 먼저 화성진행부터 만들 수도 있다.

위와 같은 멜로디에 3화음을 사용하여 반주를 할 경우, 먼저 주어진 박자의 악센트가 위치한 음들에 주목하여야 한다. 첫 마디에 나타난 악센트가 부가된 소리인 C, E, G는 정확히 C 장화음과 일치한다. 그리고 같은 맥락으로 두 번째 화음을 보면 F, A, C는 정확히 F 장화음과 일치한다. 그러므로 다음과 같이 코드를 부여할 수 있다.

25.1. 종류

사실 3화음과 마찬가지로 7화음 역시 특정한 음계를 떠나서는 생각할 수 없다. 즉, 3화음이건 7화음이건 음계로 화음을 만든다.

위에 제시된 것은 가능한 7개의 7화음의 종류를 나열한 것이다. 각각의 음정 구조를 염두에 두면서 건반으로 그 소리를 확인해 보자. 음계와 관련하여 이러한 7화음을 사용하는 방법은 항목 31에서 살펴보도록 한다.

25.2. 구조

3화음과 7화음을 포함하여 화음을 구성하는 소리들은 다음과 같은
명칭이 있다.

화음기호 1(Chord Notation 1)

화음기호 1은 우선 대중음악에서 사용하는 화음기호이다. 재즈 화음기호라고 불리는 이것은 화음기호만으로 특정 음계 안에서의 위치를 확인할 수는 없지만 화음의 구성음은 거의 정확히 알 수 있다.

화음기호 2(Chord Notation 2)

또 다른 화음 표기법은 유럽 클래식 음악에서 18세기부터 발전되어
온 방법이다. 이 방식은 주어진 화음의 구성음을 화음기호만으로는 알
수 없지만 음계내에서의 정확한 위치는 알 수 있다. 그리고 화음의 성
격은 비교적 정확히 알 수 있지만 예를 들어 I7(장7화음, Major 7th)와
V7(속7화음, dominant 7)의 차이는 이 표기 방식만으로는 표현할 수 없
는 단점이 있다. 이러한 점을 보완하기 위하여 다음의 방식이 고안되
었다.

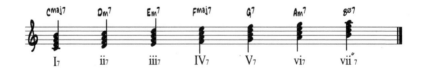

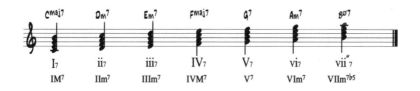

I₇	ii₇	iii₇	IV₇	V₇	vi₇	viiᵒ₇
IM⁷	IIm⁷	IIIm⁷	IVM⁷	V⁷	VIm⁷	VIIm⁷ᵇ⁵

 맨 아래에 첨가된 이 표기법은 미국 보스턴의 버클리 음대에서 고안한 방법으로서 재즈코드 표기법과 로마숫자를 사용한 전통 클래식 화음 표기법의 장단점을 보완한 방법이다. 예를 들어, 로마숫자 표기법에 의하면 I7과 V7의 화음 종류의 차이를 알 수가 없다. 그러나 버클리식 표기법을 사용하면 IM7과 V7로 그 차이를 알 수가 있다. 하지만 여전히 그 음계를 알기 전까지는 그 화음의 구성음 자체를 알 수는 없다. 그러나 말했다시피 CM7과 G7은 그 특정 음계에서 어떤 위치를 차지하는지는 알 수 없다.

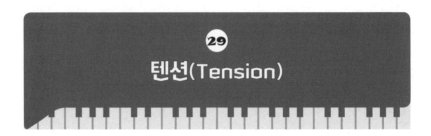

　　보통 텐션은 9음, 11음, 13음을 말하는 것이다. 그리고 이 음들을 상위 구조(upper structure)라고 말하기도 한다.

29.1. 9th

위는 9화음 중 가장 빈도수가 높은 화음들을 모아 표기한 것이다.

각각을 건반으로 연주하며 잘 들어 보고 각 화음들의 음정 구조와 음
색에 익숙해질 수 있도록 한다.

29.2. 11th

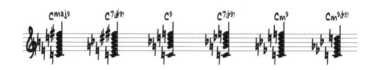

위는 빈도수가 높은 11화음들을 모아서 정리한 것이다. 각각을 건
반으로 연주하며 잘 들어 보고 각 화음들의 음정 구조와 음색에 익숙
해 질 수 있도록 한다.

29.3. 13th

위는 빈도수가 높은 13화음들을 모아서 정리한 것이다. 각각을 건반
으로 연주하며 잘 들어 보고 각 화음들의 음정 구조와 음색에 익숙해질
수 있도록 한다. 두 번째 화음은 C7b9#11.13이라고 표기할 수 있다.

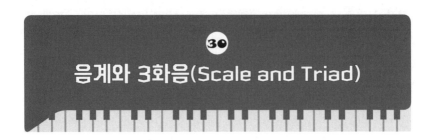

앞서 말했듯이 화음은 음계로 만들어지고 음계 안에서 발생한다. 모

앞서 말했듯이 화음은 음계로 만들어지고 음계 안에서 발생한다. 모든 음계를 살펴볼 수는 없으니 여기서는 장조와 단조를 대표하는 장음계와 화성단음계에서 나타나는 3화음만을 살펴보도록 하자.

30.1. 장음계 안에서의 3화음

장음계 안에서 나타날 수 있는 3화음은 위와 같은데, 표기법은 재즈 코드법과 버클리식 표기법을 사용했다. 장음계를 사용하여 3화음을 만들면 총 7개의 화음이 만들어지고 장3화음, 단3화음 그리고 감3화음만이 만들어진다. 이를 종류별로 정리해 보면 다음과 같다.

장3화음	C, F, G
단3화음	Dm, Em, Am
감3화음	Bo

30.2. 화성단음계 안에서의 3화음

같은 맥락으로 단조에서 발생하는 대표적인 3화음들을 아래와 같이 정리해 본다.

장3화음	Eb, Ab, G
단3화음	Cm, Fm
감3화음	Do, Bo

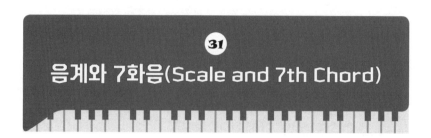

31.1. 장음계 안에서의 7화음

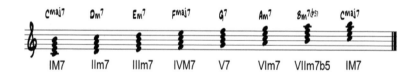

장7화음	CM7, FM7
단7화음	Dm7, Em7, Am7
속7화음	G7
반감7화음	Bm7b5

31.2. 단음계 안에서의 7화음

장7화음	EbM7, AbM7
단7화음	Cm7, Fm7
속7화음	G7
반감7화음	Dm7b5
감7화음	Bo7

32.1. 반음계적 5도권(Chromatic Circle of 5th)

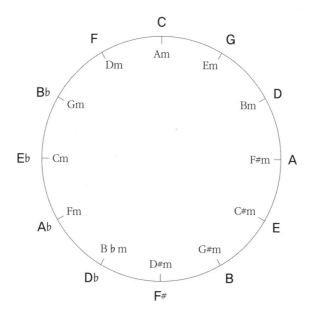

5도권은 발생하는 모든 조(key) 혹은 화음들을 완전5도 혹은 4도의 간격을 유지하면서 배치한 그림이다.

보통 여기서 시계반대 방향을 움직이는 것을 흐름(drift) 방향이라고 하는데 그만큼 소리가 자연스럽다는 뜻이다. 다음의 흐름 방향에 의한 진행을 건반으로 연주하여 들어 보고 그 흐름의 독특한 느낌을 잘 기억하도록 하자.

자, 이번에는 이 역방향의 진행도 들어 보고 그 흐름의 독특한 느낌을 잘 기억하도록 하자.

32.2. 온음계적 5도권(Diatonic Circle of 5th)

지금까지는 12반음 속에서 나타나는 모든 화음의 현상과 관련된 5도권을 살펴보았는데, 지금은 하나의 조에 국한시켜 살펴보도록 하자. 왜냐하면 이것이 좀 더 실용적이고 친근하게 다가갈 수 있기 때문이다. 먼저 C장조에서 나타나는 7개의 화음을 최대한 5도권의 기본 아이디에

근거하여 배치하여 본다. 항목 32.1에서 살펴본 반음계적 5도권은 모든
화음의 간격이 완전5도로 떨어져 있지만 지금 살펴보고자 하는 온음계
적 5도권에서는 모든 화음의 간격을 완전5도로 유지할 수는 없다. 따라
서 때로는 완전5도에 가장 가까운 음정들을 사용하여 최대한 유사하게
만들어 본다.

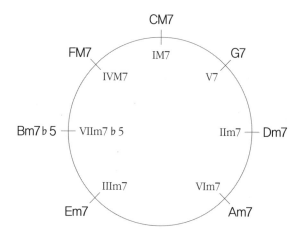

　　다음의 흐름 방향에 의한 진행을 건반으로 연주하여 들어 보고 그
흐름의 독특한 느낌을 잘 기억하도록 하자. 반음계적 5도권에서의 진
행보다 친숙하게 들릴 것이다.

자, 이번에는 이 역방향의 진행도 들어 보고 그 흐름의 독특한 느낌
을 잘 기억하도록 하자.

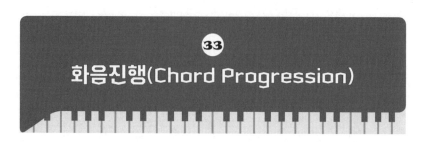

존재하는 음악들의 화성진행을 몇 가지 형태로 정리하는 것은 거의
불가능한 일이다. 그러나 한편으로는 몇 가지 패턴으로 수렴하는 것도
사실이다. 우리가 매일 듣고 있는 여러 가지 음악에 나타나는 화성진
행의 몇 가지 형태를 살펴보자.

33.1. 온음계적 진행(Diatonic Chord Progression)

온음계적 진행은 하나의 음계 안에서 나타나는 화성진행이다. 우리
가 듣는 음악 대부분이 이 진행을 보여 주며 매우 친숙하게 들린다. 이
러한 온음계적 진행의 예를 소개한다.

33.2. 반음계적 진행(Chromatic Chord Progression)

위와 같은 온음계적 진행으로만 되어 있는 음악은 극히 드물다. 오히려 온음계적 화음뿐 아니라 하나의 음계를 벗어나는 반음계적 진행이 첨가되는 화성진행이 훨씬 더 많고 더 흥미로운 소리를 만든다고 할 수 있다. 이러한 반음계적 진행의 가장 대표적인 것은 바로 부속화음이다. 먼저 실제 예를 하나 살펴보도록 하자.

왼손으로는 간단한 리듬으로 화음을 연주하고 오른손으로는 멜로디를 연주하면서 이 화음진행을 잘 관찰해 보자. 다음은 위 화성진행을 보다 보기 쉽게 정리하여 본 것이다. 그리고 앞서 말한 버클리식 화음기호도 붙여 보았다.

버클리식 표기가 붙어 있는 화음들은 모두 이 곡의 조에서 온음계적으로 나타나는 화음들이다. 이를 좀 더 명확히 이해하기 위해 이 조

(Bb장조)에서 발생하는 기본 온음계적 화음들을 아래와 같이 표시해
보자.

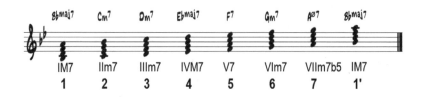

이를 좀 더 명확히 비교해 보기 위해 위 악보에서 붙인 숫자를 앞서
살펴본 정리악보에도 다음과 같이 적용해 보자.

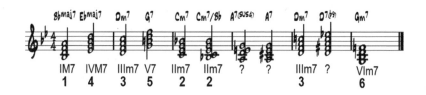

자, 이제 확실히 물음표로 표시된 화음들 외에는 모두 이 조의 기
본 온음계적 화음들이라는 것을 알 수 있다. 그렇다면 이 물음표의 화
음들은 어디서 온 것일까? 답부터 말하면 이것이 바로 '부속화음'이라
는 개념이다. 먼저 첫 번째 물음표의 화음은 A7sus4인데, 이는 본질적
으로 그다음에 나오는 A7과 동일하다. 이 화음이 가지고 있는 목적은
바로 그다음에 나오는 화음인데 바로 Dm7(IIIm7) 화음이다. 즉, A7은
Dm7의 부속화음인 것이다. 다시 말하면, A7은 Dm7의 속화음이 되는
데, 이는 V7-IM7로 가는 진행을 확장시킨 것이라 이해하면 된다.

나머지 물음표의 화음인 D7(b9)도 다음에 나타나는 화음 Gm7 (VIm7)의 부속화음으로 해석하면 된다. 이렇듯 부속화음은 가장 빈번히 사용되는 반음계적인 화성진행을 이루는 도구가 되며 음악을 보다 색채감 있게 만들어 주는 유용한 기술이다.

33.3. 범조적 진행(Pantonal Chord Progression)

범조적 진행은 넓은 의미에서는 반음계적 진행에 포함된다고도 할 수 있지만, 반음계적 진행은 온음계적 진행을 바탕으로 이루어지는 것임에 비해 범조적 화성진행은 온음계적 화성진행을 크게 염두에 두지도 않고 지금까지의 관습적인 화성진행도 개의치 않는다. 주로 20세기 이후의 음악들에서 나타나는 이 화성진행은 일반인들에게 많이 친숙하지는 않으나 영화음악이나 재즈, 현대순수음악 등에서 많이 등장하는 것이다.

위에 제시된 화성진행을 아래와 같이 정리해 보자.

조표도 없을 뿐 아니라 일관된 조성도 발견하기 힘들다. 부분적으로는 부속화음적인 진행이 나타나고는 있지만 매우 자유롭다. 그러나 개개의 화음들 자체는 3화음 혹은 7화음의 구조를 따르고 있다. 이러한 화성진행을 범조적 화성진행이라고 부른다. 클래식 음악에서는 스트라빈스키(Igor Stravinsky, 1882~1971), 힌데미트(Paul Hindemith, 1895~1963)의 것과 같은 작곡들에서 나타나는 현상이다.

34.1. 비화성음이란

비화성음은 말 그대로 어떤 특정한 화성에 속하지 않는 소리를 말한다. 비화성음의 가장 큰 가치는 멜로디에서 나타난다. 멜로디에 비화성음 섞어 넣지 않으면 멜로디는 그저 한낱 분산된 화음에 그칠 수도 있지만 비화성음을 통해 멜로디는 좀 더 풍성해 지고 다양한 색깔을 가지게 된다.

위 악보의 첫 마디를 우선 관찰해 보면 첫 마디의 화성은 Ab으로서 Ab, C, Eb의 구성음을 가진다. 그러나 이 마디 멜로디의 구성음을 보

면 G, Ab, F, E와 같은 음들인데, 여기서 Ab을 제외하면 모두 비화성음이 된다. 두 번째 마디를 보면 주어진 화음 F7의 구성음은 F, A, C, Eb이므로 D, Bb은 비화성음이 된다. 이렇듯 멜로디에는 화음에 속한 소리와 화음에 속하지 않은 소리가 함께 섞여 있는 것을 볼 수 있다.

34.2. 비화성음의 종류

34.2.1. 경과음

경과음은 화성과 화성을 연결해 주는 비화성음이다. 아래 악보에서 동그라미로 표시된 음이 경과음에 해당한다.

34.2.2. 보조음

보조음은 화성음을 떠나 다시 동일한 화성음으로 돌아오는 방식의 비화성음이다.

　종지는 보통 곡이 끝나는 느낌을 만들어 내는 화성진행을 만들어 낸다. 종지를 만들어 내기 위해서는 일반적으로 2개의 화음만 있으면 족하다.

35.1. 정종지(Authentic Cadence)

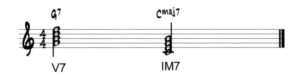

　정종지는 위와 같이 특정 조에서 V-I의 진행을 보여 준다. 가장 일반적인 종지 형태이다.

35.2. 변종지(Plagal Cadence)

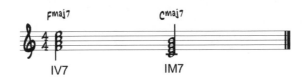

변종지는 IV-I의 변격적인 종지 형태를 보여 준다. 일반적이지는 않지만 나름의 종지감을 보여 준다.

35.3. 위종지(Deceptive Cadence)

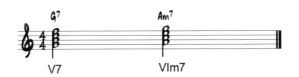

위종지는 정종지를 변형한 것인데 V에서 I로 가지 않고 VIm로 감으로써 일종의 착각을 일으키는 종지이다. 여기서 I와 VIm는 서로 대리 관계에 있다.

리드시트(Lead Sheet)

리드시트는 재즈와 대중음악에 있어서 가장 중요한 요소 중 하나이다. 재즈를 비롯한 대중음악은 기본적으로 완벽히 짜인 악보를 통한 연주보다는 즉흥 연주에 의존한다. 따라서 테마와 그에 따른 코드를 적은 악보만 있으면 연주가 가능해진다. 그리고 그러한 간단한 악보를 리드시트라고 부른다. 또한 리드시트를 뮤지컬로 만들 수도 있고 영화음악으로 만들 수도 있다. 아래는 그러한 리드시트의 한 예이다.

Always and forever

Gon Hwang

화음의 기능을 논하는 것은 기본적으로 하나의 조에서 나타난 기본 화음을 기준에 따라 분류하는 것을 말한다.

37.1. 주화음(Primary Chords)

37.1.1. 장조

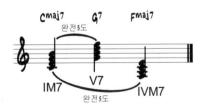

CM7	IM7	으뜸화음(tonic)
G7	V7	딸림화음(dominant)
FM7	IV7	버금딸림화음(subdominant)

　　으뜸화음과 딸림화음은 위로 완전5도 떨어져 있고 버금딸림화음은 아래로 완전5도 떨어져 있는 특성을 가지고 있다. 이 3개의 화음이 이 조의 경우 가장 중요한 역할을 하는 것으로 여겨진다.

37.1.2. 단조

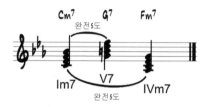

Cm7	Im7	으뜸화음(tonic)
G7	V7	딸림화음(dominant)
Fm7	Im7	버금딸림화음(subdominant)

37.2. 부화음(Secondary Chords)

　　하나의 조에는 보통 위에 나타난 3개의 주화음 외에 4개의 부화음이 주어진다.

37.2.1. 장조

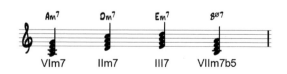

37.2.2. 단조

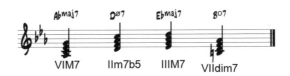

37.3. 기능(Function)

이러한 화음들의 기능을 이야기 할 때 주로 대리 기능을 이야기하게 된다. 즉, 주화음들을 대신하여 부화음들을 사용할 수 있다는 것이다. 이들 대리 관계를 다음과 같이 정리하여 보자.

위는 다장조에서 나타나는 대리 관계를 정리한 것인데, 작은 음표가 주어진 주화음의 대리화음이다. 또한 자세히 보면 1번 대리화음은 단 3도 아래에 있고 2번은 위로 있다. 그리고 1개의 주화음에 2개의 대리화음이 있고 이 대리화음들은 모두 부화음들이다. 그리고 대리화음들은 모두 주화음들과 3개씩의 공통음을 가지고 있지만 주화음의 근음을 공통화음으로 포함하고 있는 것은 1번 대리화음뿐이다. 따라서 1번이 주화음의 근음을 포함하고 있는 대리화음이기 때문에 보다 대리적 성격이 강하다고 해야 할 것이다.

온음계(Diatonic)

온음계(diatonic)라는 말은 그리스어 dia(through)+ton(tone)에서 유래된 것이다. 고대 그리스 음악학자 아리스토제누스에 따르면 하나의 모드(음계)는 2개의 테트라코드(tetrachord)로 만들어진다고 하고 그 2개의 테트라코드는 모두 완전4도의 간격으로 되어 있다.

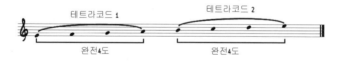

여기서 이 테트라코드는 그 외곽의 완전4도 음정을 유지하면서 내부의 음들을 변화시킬 수 있었는데 그 종류는 총 세 가지가 있었다. 즉, 반음계적(chromatic), 이명동음적(enharmonic), 온음계적(diatonic) 형태가 그것이다. 이 각각의 테트라코드는 고유한 특징을 가지고 있었고 그 특징을 게누스(genus)라 불렀다고 한다. 이 게누스 중 한 종류인 온음계가 오늘날에도 사용되고 있는 것인데 흰 건반에서 펼쳐져 있는 구조를 생각하면 된다.

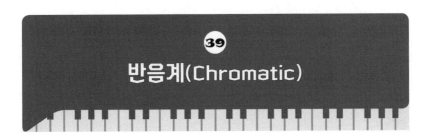

반음계(Chromatic)

반음계는 두 가지 의미가 있다. 우선 다음과 같은 반음계 자체를 말한다.

또 하나의 의미는 온음계의 구조가 깨지는 것을 말하는데, 예를 들어 다음과 같은 멜로디가 있다면 위의 반음계적 형태가 그대로 나타나지 않았다고 하더라고 반음계적이라고 할 수 있을 것이다.

　가이드 톤은 일반적으로 위와 같이 화음의 3음과 7음을 의미한다. 가이드 톤은 화음의 성질을 결정하는 중요한 안내(guide)의 역할을 할 뿐 아니라 위와 같이 화음이 진행하는 흐름 속에서도 중요한 길잡이(guide)가 된다.

　위에 나타난 3음과 7음을 먼저 건반으로 연주해 보라. 그런 후 아래와 같이 근음을 추가한 다음 건반으로 연주해 보기 바란다. 3음과 7음이 화음의 연결에 있어서 얼마나 영향을 주는지 잘 관찰하기 바란다.

아래 악보는 하나의 근음 위에 3음과 7음이 어떻게 형성되느냐에 따라 화음의 근본적인 성격이 달라진다는 것을 잘 보여 준다. 아래의 7화음들을 건반으로 연주해 보고 그 색깔을 잘 감지해 보자.

2-5-1의 화성진행은 재즈와 대중음악에 있어서 가장 많이 나타나는 진행이다. 바꿔 말하면, 2-5-1의 화성진행을 사용하면 재즈의 느낌을 효과적으로 만들어 낼 수 있다.

41.1. 구조

2-5-1에서 2는 두 번째 화음을 말하는데 아래와 같이 장조와 단조에서 나타나는 것들을 말한다. 마찬가지로 5는 다섯 번째 화음을 말하고 1은 첫 번째 화음을 말한다.

자, 이제 장조와 단조의 2-5-1만을 뽑아서 정리해 보자.

41.2. 사용

41.2.1. 1차적 사용/온음계적(Diatonic)

2-5-1의 1차적 사용은 주어진 장조 혹은 단조의 기본적인 2-5-1을 사용하는 것이다. 예를 들어, 다장조를 생각했을 때 2-5-1은 Dm7-G7-CM7이다. 따라서 이 화음진행을 음악에 활용하는 것이다. 또 예를 들어 다단조를 생각한다면 여기서 1차적 2-5-1은 Dm7b5-G7-Cm7이 되고 이를 활용하는 것이 1차적 활용이 되는 것이다. 이것은 다른 말로 온음계적 2-5-1이라고 할 수 있다. 이러한 1차적 2-5-1을 활용한 음악의 예를 한번 살펴보자.

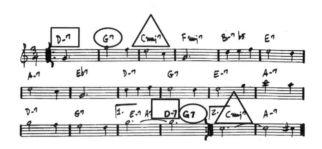

위 악보에서 □=2, ○=5, △=1인 것을 알고 자세히 관찰해 보자.

41.2.2. 2차적 사용/반음계적(Chromatic)

1차적인 2-5-1의 사용에서 그친다면 화성진행에 입체감이 없다.
좀 더 컬러풀한 2-5-1이 되게 하기 위해서는 반음계적으로 사용할
수 있도록 해야 한다.

여기서 점선으로 된 도형으로 표시된 것들은 2차적/반음계적

2-5-1이다.

이들을 다음과 같이 뽑아서 악보에 정리해 보자. 위 악보에는 네 가지 2차적 2-5-1이 존재한다.

아래의 악보는 위의 악보에서 나타난 2차적인 2-5-1을 정리한 것인데, 이 2-5-1은 위 곡의 조성인 다장조에 속하지 않은 반음계적인 2-5-1인 것을 알 수 있다. 기본적으로 반음계적으로 2-5-1을 만드는 것은 자유롭다. 그러나 B, C, D에 나타난 2-5-1은 이 곡의 조성인 다장조와 연관성이 있다. 1에 해당하는 화음이 이 곡에 속한 부화음들 중의 하나이기 때문이다. 따라서 이러한 용도의 2-5-1은 기본 조성 가운데 나타난 부화음들을 수식하는 의미를 가진다고 할 수 있다.

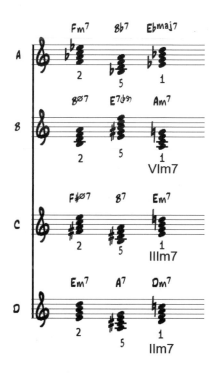

간단한 재즈 역사를 소개하기 위해 여기서는 『재즈 음계와 화성』(황
성곤 저) 이라는 책의 내용을 인용하기로 한다.

42.1. 초기 재즈: 1920년대

서서히 세상 속으로 그 모습을 드러내는 재즈는 이윽고 시카고에
정착한다. 그리고 본격적인 출사표를 던지는데 이것이 이른바 뉴올
리언즈 스타일이다. 이 스타일을 초기 재즈(early jazz)라고 부르기도
하는데 이 스타일의 대표 주자는 역시 오리지날 딕시랜즈 재즈 밴드
(Original Dixieland Jazz Band)로, 흔히 줄여서 ODJB라 부르기도 한다.
딕시랜드란 미국 남부를 지칭하는 애칭인데 아마도 이들이 미국 남부
지역 도시의 하나인 뉴올리언즈의 스타일을 표방하기 때문에 이러한
이름을 가지게 되었다고 본다.

다음 사진은 1918년 만들어진 이 그룹의 홍보용 엽서인데 맨 왼쪽부
터 드러머 토니 스바바로(Tony Sbarbaro), 트럼보니스트 에드윈 에드

워즈(Edwin Edwards), 코넷 연주자 닉 라로카(Nick LaRocca), 클라리넷
연주자 래리 쉴즈(Larry Shields) 그리고 피아니스트 헨리 래거스(Henry
Ragas)이다.

이 빛 바랜 사진은 헤어진 무성영화 필름처럼 초라해 보이기도 하
지만 꽤 역사적인 가치가 있다. 먼저 당시가 지금과는 전혀 다른 환경
의 100년 전 세상임을 잊지 말아야 한다. 최초의 상업적 라디오 방송은
1920년경 미국에서 있었고, 상업적 TV 방송은 1930년경에나 등장했다.
1890년부터 축음기는 전 세계적으로 보급되기 시작했고 1900년대 초
부터 자동 피아노는 축음기의 보급으로 서서히 그 모습을 감추게 된다.

위의 사진에서 먼저 맨 왼쪽의 악기에 주목하자. 이 악기가 오늘날
드럼셋(drum-set)이라 불리는 악기임을 쉽사리 짐작할 수 있다. 커다
란 북은 베이스 드럼이며 그 위쪽에는 작은 사이즈의 북이 자리 잡고
있는데 아마도 스네어 드럼(snare drum)으로 추측된다. 베이스드럼 왼
쪽 위에 위치한 악기는 카우벨(cow bell)로 추정되며 거치되어 있는 심
벌의 모습도 보인다. 오늘날 대중음악의 꽃이라 할 수 있는 이 드럼셋

은 적어도 100년 전 이미 그 형태를 갖추고 있었으며 오늘날까지도 대
중음악과 순수음악을 가르는 일종의 시금석 역할을 감당하고 있다. 쉽
게 말해, 심포니 오케스트라(symphony orchestra)와 팝스 오케스트라
(pops orchestra)를 구분하는 기준은 바로 드럼셋의 유무라는 것이다.

그리고 사진 속 밴드를 자세히 관찰하면 오늘날의 소규모 대중음
악 밴드와 달리 클라리넷이 중요한 역할을 감당하고 있는 것을 볼 수
있고, 저음을 담당하는 베이스기타와 같은 악기가 없다는 것을 알 수
있다. 음악적인 부분을 살펴보면 딕시랜드 재즈 밴드의 첫 녹음 곡인
〈Livery Stable Blues〉에서 트럼본과 코넷 그리고 클라리넷의 집단 즉
흥 연주가 주축을 이루고 있음을 잘 들을 수 있다. 다시 말해, 기보된
음악을 연주하고 있다기보다는 저마다 악기들이 정해진 화음을 바탕
으로 동시에 즉흥 연주를 하고 있다는 것이다. 따라서 사운드는 다소
산만하면서도 활기차며 대중적인 느낌을 준다. 그런데 좀 더 자세히
관찰하면 그 특유의 산만함 속에서도 묘한 짜임새를 느낄 수 있는데,
이는 그 세 개의 선율악기(트럼본, 코넷, 클라리넷)의 음역적 특성에 있
는 것으로 보인다. 즉, 저음역은 트럼본이, 중음역은 코넷이, 그리고
고음역대는 클라리넷이 각각 맡음으로써 나름의 대위법이 존재하는
것이다. 이러한 악기 편성과 집단즉흥의 형식은 초기 재즈를 판가름하
는 중요한 열쇠가 되며 뉴올리언즈 스타일의 핵심 요소일 것이다. 인
터넷의 발전으로 이 책에서 언급하는 거의 모든 음악은 YouTube에서
들을 수 있다. 반드시 들어 보기 바란다. 단 들을 때 감상하기보다는
분석하는 태도로 듣기 바란다. 이를 구조적 듣기라 한다. 말하자면 악
기 편성이 무엇인지, 주된 멜로디는 어떠한지, 그리고 대선율은 어떤

악기가 연주하는지, 즉흥 연주가 있는지, 화성진행은 어떠한지 등으로 나누어 들어 보는 것이다. 물론 여기에는 예민한 귀가 필요하고 어느 정도의 음악 이론적 지식이 요구될 것이다. 그러나 조금만 음악에 관심을 기울인다면 누구나 구조적 듣기는 가능하다.

42.2. 스윙(Swing)의 시대: 1930년대

나름 성대한 신고식을 마친 재즈는 이제 그 대평성세를 맞이한다. 재즈가 당시 대중음악의 주류로 떠오른 시대가 열린 것이다. 1930년대에는 아직 록이나 팝, 힙합과 같은 장르가 없었다는 것을 기억해야 한다. 이러한 재즈의 성공적 시대를 기념하기 위해 이 시기를 재즈의 시대(jazz era)라고 부르기도 하며 빅밴드의 시대(bigband era)라고 지칭하기도 한다. 짐작할 수 있듯이, 1930년대의 가장 두드러진 악기 편성은 바로 빅밴드이다.

빅밴드는 흔히 재즈 오케스트라(jazz orchestra)라고 말하기도 하는데, 가히 대중음악의 가장 독특하고 큰 편성이라 할 수 있을 것이다. 상세한 악기 편성을 살펴보면 다음과 같다.

트럼펫 4

트럼본 4

알토 색소폰 2

테너 색소폰 2

바리톤 1

피아노 1

일렉기타 1

드럼셋 1

콘트라베이스 1

1930년대의 재즈 스타일은 1920년대와 많은 차이점을 보인다. 우선 집단즉흥의 형태를 보이던 1920년대와 달리 편곡과 작곡의 역할이 두드러진다. 그도 그럴 것이 20개에 육박하는 악기들이 즉흥 연주를 하면서 나름의 짜임새를 만들어 낸다는 것은 불가능하다. 당연히 정교한 조직의 필요성이 부각된다. 실제로 1930년대에 활동하던 빅밴드에는 심포니 오케스트라의 지휘자에 해당하는 밴드 리더뿐 아니라 전속 편곡자가 있었다고 한다. 빅밴드의 전설인 듀크 엘링턴 밴드(Duke Ellington Band)에는 전설적인 편곡자 빌리 스트레이혼(Billy Strayhorn)의 존재가 있었듯이 말이다. 실제로 1930년대 빅밴드 재즈를 들어 보면 1920년대 고유의 산만함은 사라지고 고도의 정교함과 짜임새 그리고 형식의 다양함이 나타난다. 뿐만 아니라 빅밴드 편성이 가지고 있는 관악기의 강렬함, 거대한 다이내믹은 초기 대중음악의 풍만함과 화려함을 유감없이 보여 준다. 게다가 빅밴드는 재즈 작곡과 편곡의 발전을 가속화시켰으며 그 과정에서 재즈만이 가지고 있는 독특한 성부 진행 방식들이 고안되기 시작한다. 1930년대가 저물면서 물량공세적 재즈 시대의 화려한 조명도 꺼지기 시작한다.

42.3. 비밥(Bebop)의 시대: 1940년대

재즈 역사상 가장 상업적 성공은 아마도 1930년대에 발생했다고 할 수 있을 것이다. 그러나 상업적 성공과 별개로 1940년대는 재즈의 핵심이며 완성이라고 할 수 있다. 다시 말해, 재즈 뮤지션이라고 한다면 1940년대가 주는 교훈들을 피해 갈 수 없는 것이다. 1940년대를 흔히 비밥이라는 용어로 표현하는데 이 시대의 키워드는 지난 시대의 반성과 저항이다. 역사학자 토인비(Arnold Toynbee, 1889~1975)가 역사를 도전과 응전으로 본 것은 여기에서도 큰 의미를 가진다. 1940년대가 시작되자 1930년대의 재즈 스타일에 대해 불만을 품었던 몇 명의 흑인 젊은이가 등장했다. 그들은 이윽고 이 1930년대의 화려하고 상업적인 스타일에 반기를 들기 시작한다. 그들에게 재즈는 하나의 문화였고 그것은 흑인 문화(black culture)였다. 그들에게 재즈는 오래전 자신들의 고향에서 울려 퍼지던 하나의 민속음악이었고 정교하고 세련된 대위법의 결과물이라기보다는 거칠고 투박한 흑인 음악(black music)이었던 것이다. 비밥 사단의 리더 격인 찰리 파커(Charlie Parker)의 색소폰은 이러한 비밥의 정신을 가장 잘 대변하는데, 특히 굉장히 빠른 속도로 이루어지는 그의 천재적 연주는 재즈를 대중음악에서 하나의 예술의 경지로 끌어올린다. 또한 그의 독특한 선율 기법은 이후 거의 모든 재즈의 표준이 되고, 반음계적 접근법(chromatic approach)으로 표현되는 이 기법은 재즈 선율의 뿌리이며 힘의 원천이다. 다음은 찰리 파커와 대표적인 비밥 피아니스트 델로니어스 몽크(Thelonious Monk), 그리고 트럼펫 연주자 디지 길레스피(Dizzy Gillespie)의 사진이다.

찰리 파커
(Charlie Parker)

델로니어스 몽크
(Thelonious Monk)

디지 길레스피
(Dizzy Gillespie)

42.4. 쿨 재즈(Cool Jazz)와 하드 밥(Hard Bop): 1950년대

1940년대 이후를 포스트밥(post-bop)이라고 할 정도로 비밥의 영향력은 컸다. 재즈의 B.C.와 A.D. 사이에 비밥이 위치하고 있다고 해도 과언이 아니다. 가장 두드러진 포스트밥 현상 중 하나는 아무래도 쿨 재즈이다. 이 역시 지난 역사에 대한 반성으로 표출되는 흐름이라 할 수 있는데, 1940년대 스타일의 거칠고 투박한 형식에 세련됨을 가미하려고 하는 시도이다. 널리 알려진 것처럼 쿨 재즈의 선두주자는 마일즈 데이비스(Miles Davis)이다.

마일즈 데이비스
(Miles Davis)

이러한 스타일을 또한 흔히 미국 서부해안 스타일(west coast style)
이라고 하는 것은 그들의 주된 활동 무대를 말하는 것이기도 하지만
현대적이고 세련된 미국 서부가 주는 느낌으로 쿨 재즈를 상징하는 것
이기도 하다. 거칠고 투박한 1940년대의 비밥 스타일이 놓치고 있는
세련미를 보완하려고 하는 시도로 풀이되는 이 양식은 어떤 면에서는
1930년대로 되돌아가려는 현상으로 볼 수도 있을 것이다.

역사의 다양성은 물론 여기서 멈추지 않는다. 재즈에서의 1940년대
정신을 더욱 강하게 밀어붙이고자 하는 사람들이 있었다. 아트 블래키

아트 블래키
(Art Blakey)

(Art Blakey)는 재즈 메신저(The Jazz Messengers)라는 밴드의 리더이자 드러머인데 소위 미국 동부해안 스타일(east coast style)의 창시자 중 한 명이다.

서부와 달리 미 동부는 전통적이고 고풍스러우며 흑인적이었고, 이 지역의 흑인 사회는 특히 교회를 중심으로 형성되어 있다. 이러한 환경 속에서 탄생한 것이 바로 하드 밥이다. 재즈의 중심을 1940년대와 마찬가지로 민속음악적 거침에서 찾는 것이다. 세련됨이 아니라 투박함에서, 쿨 재즈처럼 클래식 음악이 아니라 오히려 가스펠 음악의 영향이 두드러진다.

42.5. 퓨전 재즈(Fusion Jazz)와 아방가르드(Avant-Garde): 1960년대

1960년대는 1950년대에 대한 반성으로부터 시작한다. 아니, 어쩌면 지난 모든 재즈 역사의 반성일지도 모르겠다. 사실 재즈는 서서히 예술적 명성을 획득해 나간 반면 특별히 1940년대 이후 급속히 그 대중성을 잃어 갔다. 그런데 1960년대에 이르러 그러한 재즈의 탈대중화에 대한 의문을 품은 사람들이 나타나기 시작한다. 그리고 그러한 단점을 딛고 좀 더 대중에게 가까이 다가가기 위해 융합을 단행한다. 즉, 당시 재즈보다 더 친근하고 인기 있는 음악 장르들을 재즈 속으로 끌어들임으로써 잃어버린 청중을 되찾으려고 한 것이다. 그리고 여기서 말한 보다 친근한 음악 장르들이란 결국 로큰롤이나 팝뮤직이라 할 수 있다. 1960년대에 가장 대중의 눈과 귀를 사로잡은 뮤지션이 있다면 단연 비틀즈(Beatles)이다. 기록에 의하면 1960년에 결성되어 12장의 정규 앨범을 발표한 비틀즈는 전 세계적으로 지금까지 총 6억 장의 음반을 팔아 치웠다고 한다. 이러한 전대미문의 상업적 성공은 하나의 사회적 현상이 되었고 비틀즈가 구사하는 록 음악의 어머니인 재즈 음악의 종사자들에게 아무런 영향을 주지 않았을 것이라고 추측하기 어렵다. 사실 음악을 사용하여 돈을 벌었던 사람들은 그 음악의 깊이와 상관없이 항상 따로 있었다. 600여 곡의 영원 불멸한 가곡을 남긴 슈베르트(Franz Peter Schubert)는 극심한 가난과 타고난 병약함으로 고생하다 31세에 요절하고 만다. 앞서 말한 융합을 단행한 사람들이 전적으로 경제적 이유에 의하여 움직였다고는 볼 수 없을 것이다. 아마도 더 많은 사람과의 소통이 때로는 순수예술가들에게도 거부하기 힘든 유혹이 되기도 하였을 것이다. 우리는 재즈와 록 혹은 팝 음악과의 다리 놓기를 시도했던 사람들을 퓨전 재즈 뮤지션이라고 부른다. 그들은 자신의 음악에 전기적 사운드를 도입하기도 했고, 공연장에는 현란한 조명을 설치하기도 했으며, 때로는 파워풀한 록 리듬을 끌어들이기도 했다. 퓨전 재즈 연주의 대표자 중 한 사람으로 펫 메스니(Pat Matheny)

펫 메스니
(Pat Matheny)

를 꼽지 않을 수 없다.

그런데 이러한 퓨전 재즈의 타협적 행보가 하나의 야합으로 해석되는 일군의 음악가들이 있었다. 그들에게 재즈는 여전히 예술이었고 상업적 수단은 아니었다. 배고픈 슈베르트를 택한 사람들이었다고나 할까? 그중 대표적인 사람이 바로 세실 테일러(Cecil Taylor)이다. 이른바 프리 재즈(free jazz)로 지칭되는 그의 음악은 사실상 최소한의 대중적 장치도 단절시킨 채 음향의 순수함을, 즉흥 연주의 더 깊은 심연으로 들어갔다. "피아노는 88개의 드럼이다."라는 그의 명언은 그가 피아노에 그리고 재즈에 어떻게 접근했는지 엿볼 수 있는 말이다. 그의 재즈는 한마디로 기존의 조성 체계를 부정한 형태인데 무조 재즈(atonal jazz)라 일컬을 수 있을 것이다. 즉, 다장조라든지, 라장조라든지 하는 일반적 조성의 개념이 소멸했다는 것이다. 따라서 전통적인 음계도 사라지고, 일반적 화성진행도 없다. 대중의 눈높이에 맞추어 재즈에 대중성을 가미한 퓨전 재즈 음악가와 달리, 그는 어찌 보면 정반대의 길을 걸어간 것이다. 일반 대중의 기호 따윈 아랑곳 없었다. 사실 이러한 음악의 조성 탈피는 이미 순수음악계에서 20세기초부터 나타난 현상이다. 오스트리아 작곡가 아놀드 쇤베르크(Arnold Schoenberg, 1874~1951)가 창안한 무조음악은 1921년부터 본격화되는데, 이는 그간 발명한 12음열(12-tone-serial) 기법의 덕분이다. 이 기법은 그의 작품 번호 23번 피아노 조곡 5악장에서 처음 등장하는데, 아래는 그 곡에서 사용된 음열(serial)을 기보한 것이다.

이 음열을 자세히 보면 한 옥타브 안에 있는 12개 음이 반복 없이 모두 나타나는 것을 알 수 있고 각각의 소리들은 어떤 조성적인 연관성을 가지지 않는다. 다시 말해, 장음계라든지 단음계와 같은 어떠한 전통적인 음계적 진행을 찾아볼 수 없다는 것이다. 물론 세실 테일러나 다른 무조적 재즈 음악가들에게서 이러한 음열 사용을 쉽게 찾아 볼 수 있는 것은 아니다. 그들은 보다 자유롭고 직관적인 방법으로 무조에 도달하였던 것으로 보인다. 여하튼 세실 테일러와 같은 방식의 접근법을 택한 일군의 사람을 우리는 아방가르드(avant-garde)라 부른다. 물론 이 용어는 재즈에서만 사용되는 것이 아니라 여러 분야의 가장 극단적이고 진보적인 사람들을 지칭하는 말이며 시대가 변함에 따라 아방가르드의 개념도 바뀌기 마련이다. 이 용어는 원래 '전위부대'라는 뜻으로 최전방에 위치한 부대를 일컫는 군사용어였다.

또 한 사람의 괄목할 만한 아방가르드는 칙 코리아(Chick Corea)이다. 고령에도 여전히 왕성한 활동을 벌이고 있는 그는 한국에도 여러 차례 다녀간 바 있는 재즈 피아니스트 겸 작곡가이다. 그의 전위적이고 창조적인 행보는 재즈의 모든 경계를 허물고 있는데, 1960년대 마일즈 데이비스의 밴드 피아니스트로 출발한 그는 1970년대에 이르러 서클(Circle)이라는 밴드를 조직하여 프리 재즈에 집중하였으며, 1999년에는 그의 첫 피아노 협주곡이 런던 심포니 오케스트라와 본인의 피아노 연주로 발표되었고, 2000년에는 현악 사중주 곡을 작곡하기도 하는 등 파격적이고 확장적인 활동을 펼쳐 보인다. 그의 재즈는 스탠더드를 비롯하여 퓨전, 현대적인 순수음악의 영역에 이르기까지 매우 다양하며 결과적으로 이전 재즈 음악가들이 미치지 못한 광대한 재즈의 영역을 확보하는 데 크게 이바지하게 된다.

그의 이름 '코리아'는 실제 스페인과 이탈리아, 남미 등지에 퍼져 있는 성씨인데 여러 가지 재미있는 추측을 가능하게 한다. 이탈리아 피렌체 출신 프란체스코 카를레티(Francesco Carletti)가 17세기 쓴 『나의 세계 일주기』에 의하면 임진왜란이 진행되고 있을 무렵 일본으로 잡혀 온 조선인 노예 다섯 명을 사서 인도 고아라는 곳에서 자유인으로 풀어 주기도 했고 그중 한 명은 플로렌스까지 데리고 갔는데 안토니오 코레아라는 이름으로 나중에 로마에서 살게 되었다고 전하고 있다. 그렇다면 칙 코리아는 한국인의 먼 친척일지도 모른다. 여하튼 이러한 1960년대의 퓨전 재즈와 아방가르드의 시대를 마지막으로 공식적 재즈 역사는 그 대단원의 막을 내리지만, 재즈의 역사를 단편적으로라도 이해하는 것은 재즈의 거의 모든 것을 이해하는 것에 절대적인 도움을 준다고 할 수 있다. 1970년대 이후의 재즈 역사는 독자들의 연구 과제로 남겨 놓고 싶다.

스윙리듬(Swing Rhythm)

43.1. 기원

재즈 음악의 가장 중요한 요소 중의 하나인 스윙리듬의 기원은 정확하지 않다. 초기 재즈 중 가장 중요한 부분인 랙타임(rag time)이 과연 스윙리듬을 가지고 있었는지는 논란의 여지가 많지만, 랙타임 작곡가이자 피아니스트인 젤리 롤 모튼(Jelly Roll Morton, 1890~1941)의 음반을 들어 보면 스윙리듬이 나타나는 것을 볼 때 그가 활동을 시작한 1900년대부터 스윙리듬이 나타나기 시작했다고 보아야 할 것이다.

43.2. 구조

보통 스윙리듬은 아래 악보의 첫 단에 나타나 있는 것처럼 표기되는 것이 일반적이다. 그러나 연주는 아랫단에 나타나 있는 것처럼 이루어진다. 아랫단을 자세히 살펴보면 스윙리듬은 일종의 3박자 계열인 것을 알 수 있다.

43.3. 연습과 사용

위 악보에 제대로 스윙리듬을 부여해 보도록 하자.

어떤 연주자들은 위와 같이 연주할지도 모른다. 그러나 위 악보는
스윙리듬과 거리가 있다. 앞서 말한 것처럼 스윙리듬은 3박자 계열이
기 때문에 4로 등분되는 위와 같은 리듬은 잘못 해석된 것이다.

위 악보의 리듬은 4개씩 쪼개지는 형태로 되어 있기 때문에 스윙리듬과는 거리가 있다.

위에서 살펴본 것이 스윙리듬의 물리적인 측면인데, 이를 실제 연주에 적용하기 위해서는 훈련이 필요하다. 스윙리듬을 체득하기 위한 가장 좋은 훈련은 실제 연주를 많이 듣고 흉내 내는 것인데 약간의 요령이 필요하다.

따라서 스윙리듬은 위와 같이 해석하는 것이 가장 근접한 모습이다. 다음으로 스윙은 아래와 같이 조금 뚝뚝 끊어 연주하는 리듬의 속성을 가지고 있다.

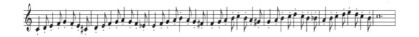

이제 마지막 단계이며 가장 중요한 부분이다.

바로 악센트의 위치인데 일반적으로 강박에 놓이는 것이 아니라 오히려 위에 제시된 것처럼 약한 부분에 강세를 주어야 스윙감이 살아난다. 왜냐하면 스윙리듬은 일종의 신코페이션(syncopation)이기 때문이다. 처음에는 의도적으로 연습하면서 결국 자연스럽게 몸에 밸 수 있도록 하는 것이 좋다. 사람에 따라 다르지만 시간이 걸리는 작업이다.

44.1. 기원

블루스(blues)라는 말은 길게는 1798년 영국 극작가 조지 콜먼 (George Colman, 1762~1836)의 단막극 〈블루 데빌(Blue Devils)〉로까지 거슬러 올라간다. 그 이후 이 말은 우울(depression)의 대명사가 되었고, 미국에서는 1912년부터 일요일에는 술을 판매할 수 없는 법령을 「Blue Law」라고 한 것에서도 그 흔적을 살펴볼 수 있다. 즉, 블루라는 말이 알코올과 그 우울한 분위기를 의미하기까지 한 것이다. 최초로 출판된 블루스 음악은 1912년 하트 원드(Hart Wand, 1887~1960)가 작곡한 〈댈러스 블루스(Dallas Blues)〉이다. 여기서 블루스라는 말이 처음 공식적으로 쓰였다고도 할 수 있다.

그러나 블루스 음악의 기원은 훨씬 더 복잡하다. 일반적으로 블루스의 음악적 출현을 1863년 미국 흑인 노예해방을 기점으로 본다. 18세기 중엽 기독교 흑인 노예들의 예배에 사용되었던 흑인영가가 노예해방을 거치면서 세속화되고 마침내 블루스의 형태가 되었다는 견해가

유력하다.

44.2. 구조

일반적으로 블루스는 12마디의 형태를 가진다. 다음은 블루스의 가장 기본적인 화성진행을 포함하는 형식이다. 여기서 한 칸은 한 마디를 의미한다.

F7	Bb7	F7	F7
Bb7	Bb7	F7	F7
C7	Bb7	F7	F7

이러한 형식은 블루스의 가사에서 영향받은 것인데 일단 블루스의 가사 하나를 소개한다. 헨리 제퍼슨(Henry Jefferson, 1892~1929)이 만들고 부른 〈Rising High Water Blues〉(1927)의 가사이다.

> Backwater rising, Southern peoples can't make no time
>
> I said Backwater rising, Southern peoples can't make no time
>
> And I can't get no hearing from that Memphis girl of mine

이 가사를 자세히 보면 AAB의 구조를 가지고 있다는 것을 알 수 있고, 이러한 구조가 블루스의 구조에 그대로 반영되어 있는 것을 알 수 있다. 즉, AAB의 가사는 3부 형식이므로 블루스 음악도 세 부분으로 되어 있고 멜로디의 구조도 일반적으로 AAB의 형태를 보인다.

44.3. 블루스 화성진행

앞서 소개한 블루스 화성진행은 여러 가지로 변형되고 수식되기도 한다. 수많은 종류의 변종이 가능한데, 어떤 제한이나 공식은 없다. 기본 화성진행을 어느 정도만 유지해 주면 된다. 여기에 몇 가지 변형을 소개해 본다.

● 비밥 블루스(bebop blues)

F7	Bb7	F7		C7	F7
Bb7	Bdim7	F7/C		D7b9	
Gm7	C7	F7	D7b9	Gm7	C7

● 마이너 블루스(minor blues)

Fm7	Fm7	Fm7	Fm7
Bbm7	Bbm7	Fm7	Fm7
Db7	C7	Fm7	Fm7

● 재즈 블루스(jazz blues)

F7	Bb7	Bdim7	F7/C		C7	F7
Bb7	Bdim7		F7/C		Am7	Bb7
Gm7	C7	Am7		Bb7	Gm7	C7

44.4. 블루스 음계

블루스 음계는 기본적으로 단5음계(minor pentatonic)를 사용한다. 그리고 코드가 바뀌어도 기본적으로 음계를 바꾸지 않는다.

그리고 여기에 가끔 다음과 같이 동그라미로 표시된 연결음을 사용하기도 한다.

또한 가끔은 화성진행의 영향으로 장음계를 사용하기도 한다.

지금까지 나타난 모든 음계의 구성음들을 아래와 같이 정리해 보자.

위에 제시된 음계의 구성음들과 화성들이 블루스를 이루는 기본 요소들이라고 볼 수 있다.

저 자 소 개

황성곤(Hwang Sung Gon)

서울대학교 작곡 학사 · 석사

미국 뉴잉글랜드음악원 재즈 석사

미국 보스턴대학교 작곡 박사

현 배재대학교 실용음악과 교수

　　재즈피아니스트

　　영화음악 작곡가

대한민국작곡상 수상

뮤지컬 오페라 〈윤동주〉 일본 · 미국 공연

저서

재즈 음계와 화성(현대문화, 2018)

실용음악통론

Basic Music Theory for Practical Music

2022년 11월 25일 1판 1쇄 인쇄
2022년 11월 30일 1판 1쇄 발행

지은이 • 황성곤
펴낸이 • 김진환
펴낸곳 • ㈜ **학지사**

　　　　04031 서울특별시 마포구 양화로 15길 20 마인드월드빌딩
대표전화 • 02-330-5114　　팩스 • 02-324-2345
등록번호 • 제313-2006-000265호

홈페이지 • http://www.hakjisa.co.kr
페이스북 • https://www.facebook.com/hakjisabook

ISBN 978-89-997-2798-6　93370

정가 13,000원

저자와의 협약으로 인지는 생략합니다.
파본은 구입처에서 교환해 드립니다.

이 책을 무단으로 전재하거나 복제할 경우 저작권법에 따라 처벌을 받게 됩니다.

출판미디어기업 학지사

간호보건의학출판 **학지사메디컬** www.hakjisamd.co.kr
심리검사연구소 **인싸이트** www.inpsyt.co.kr
학술논문서비스 **뉴논문** www.newnonmun.com
교육연수원 **카운피아** www.counpia.com